# MOLLARD-LEFÈVRE,

## DÉTENU POLITIQUE

## POUR LES ÉVÉNEMENS D'AVRIL

QUI SE SONT PASSÉS A LYON EN 1834,

*A tous les Hommes de bonne foi.*

> « La calomnie est une arme empoisonnée
> » que de lâches ennemis emploient pour
> » assassiner par derrière leurs adver-
> » saires. »

<hr>

**PRIX : 50 CENTIMES,**

Pour dédommager l'auteur des secours que les républicains lui refusent.

<hr>

# Paris.

## SE VEND CHEZ L'AUTEUR,

ET CHEZ TOUS LES PRINCIPAUX LIBRAIRES DE PARIS

ET DES DÉPARTEMENS.

**1835.**

IMPRIMERIE DE FÉLIX MALTESTE ET Cie,
Successeurs de Carpentier-Méricourt,
RUE TRAINÉE, Nos 15 ET 17, PRÈS SAINT-EUSTACHE.

PARIS, PRISON DU LUXEMBOURG, LE 24 MAI 1835.

# MOLLARD-LEFÈVRE,

## DÉTENU POLITIQUE

## POUR LES ÉVÉNEMENS D'AVRIL

QUI SE SONT PASSÉS A LYON EN 1834,

*A tous les Hommes de bonne foi :*

> « La calomnie est une arme empoisonnée que
> » de lâches ennemis emploient pour assassi-
> » ner par derrière leurs adversaires. »

En butte à la calomnie la plus odieuse, je dois à
mon pays, pour l'honneur de ma famille et le mien,
une déclaration franche et consciencieuse des principes
politiques que j'ai toujours professés et que je professe
encore.

Comme homme d'action, et sincèrement dévoué à nos
institutions, j'ai, comme aux trois journées de juillet
1830, et pour les mêmes raisons, pris un part très-active
aux événemens d'avril, raisons que j'expliquerai quand
mon tour viendra de répondre aux faits qui me sont

imputés. Je me bornerai, pour le moment, à détruire les soupçons que la calomnie a fait naître sur mon compte.

Tous mes co-accusés républicains prétendent que j'ai déserté leur cause, en préférant un avocat d'office et constitutionnel à un avocat républicain ; ils ajoutent même que je me suis vendu au gouvernement parce que j'ai usé du même droit qu'eux, en engageant ceux qui me demandaient conseil à imiter mon exemple. Pour être accusé d'avoir déserté leur cause, il faudrait avant tout qu'il fût prouvé que j'ai professé leurs principes politiques ; or, comment pourraient-ils le prouver quand ils savent parfaitement que, dans les prisons de Lyon comme ici , je n'ai jamais montré de sympathie pour le ré-publicanisme , mais bien pour nos institutions. Quiconque prétend appartenir à un parti, et qui ne peut le soutenir par des principes raisonnés , n'est plus un homme de conviction , mais bien un insensé ou un hypocrite : je dirai même que celui qui est consciencieux et de bonne foi , ne doit prendre d'autre guide que l'expérience ; car c'est par elle que de l'erreur il revient à la vérité , et du mal au bien ; tandis que celui qui méprise cette expérience , en restant immuable dans sa manière de voir, est plus disposé que le premier à sacrifier , souvent dans des vues ambitieuses , la vérité et le bien qu'il pourrait faire à la société.

Pour moi, je déclare avoir acquis la certitude qu'un gouvernement républicain est impossible en France ; dès-lors , eussé-je été républicain avant les événemens d'avril, qu'aujourd'hui je ne le serais plus.

A Dieu ne plaise que je veuille flétrir les vrais princi-

pes du républicanisme. Je commettrais un grand sacri-
lége, parce que ces principes sont tout divins; car je n'ouvre pas l'Evangile que je ne les trouve écrits à chaque
page en style très-intelligible; et cependant, cet Evangile, qui existe depuis dix-neuf siècles, n'a pas encore
inculqué dans nos âmes ces principes, sans lesquels point
de république possible. Pour prouver cette vérité, je
ne me laisserai pas endoctriner par ceux qui, selon
J.-C., *paraissent justes aux yeux des hommes, mais
qui, au dedans, sont pleins d'hypocrisie et d'iniquité.*
J'opposerai à mes antagonistes les argumens les plus
irréfragables, accompagnés des témoignages les plus
positifs.

Nul ne peut se dire républicain sans être hypocrite,
s'il n'est pas doué des vertus enseignées par l'Evangile,
lesquelles consistent à être humain, tolérant, à avoir
de l'amour les uns pour les autres; à ne pas chercher
à se mettre au-dessus de ses semblables, car J.-C.
a dit : *que celui qui voudra être au-dessus de vous
soit votre serviteur*; à ne pas les calomnier, ni mé-
dire d'eux; à ne pas leur désirer du mal, ni leur en
faire; à ramener avec douceur à la vertu l'homme
égaré; à ne pas dérober à son profit le denier destiné
aux malheureux ; en un mot, à voir dans tous les
hommes, non des ennemis, mais des frères.

Oui, c'est dans le sein de ces vertus que sont écrits
ces mots : LIBERTÉ, ÉGALITÉ, FRATERNITÉ.
En dehors de ces vertus, ces mots ne sont plus qu'un
prétexte bien dangereux, dont les hypocrites se ser-
vent pour tromper le peuple.

J.-C. a dit : Vous reconnaîtrez les hommes par leurs fruits : *tout arbre qui est bon produit de bons fruits; tout arbre qui est mauvais produit de mauvais fruits.* Ainsi, c'est en jugeant les hommes par leurs fruits que je considérerai toujours comme hypocrites ceux qui se disent bons républicains, et qui, par leurs actes, se montrent inhumains (1), intolérans, ne pouvant souffrir quiconque ne partage pas leurs doctrines, ou ne se soumet pas à leur volonté absolue (2) ; ceux qui s'imaginent être au-dessus de leurs semblables, et méprisent leurs décisions (3) ; qui les calomnient et les livrent injustement au mépris du public (4) ; qui leur désirent du mal (5) ou leur en font ; qui, au lieu de chercher à corriger fraternellement les vices ou les

(1) Est-ce être humain que de chercher à me perdre dans l'opinion publique par d'infâmes calomnies? Est-ce être humain que de me priver des secours provenant des souscriptions, parce que je n'ai pas voulu me soumettre à des conditions qui dégradent l'homme, en le forçant pour de l'argent à faire un acte d'hypocrisie? C'est cependant ce qui m'est arrivé le 30 avril dernier.

(2) Nos républicains de Lyon ont exclu, de toute participation aux secours provenant des souscriptions et distribués aux détenus politiques, un légitimiste de conviction et sans fortune.

(3) J'ai vu non seulement mépriser, mais encore calomnier la majorité des détenus qui n'agissaient pas selon la volonté des dictateurs.

(4) C'est ce qu'ils font à mon égard.

(5) Un d'eux, passant pour très-bon républicain, m'a fait l'aveu à la prison de Perrache à Lyon, de la joie qu'il éprouvait de ce que l'on avait transféré, par punition, de la prison de Perrache à celle de Roanne, très-malsaine, quelques-uns de nos co-accusés ; il n'a même pas craint de me dire, quoique je fusse dans un état maladif, qu'il voudrait m'y voir transférer. Quel beau sentiment d'humanité !

fautes des hommes égarés , les dévoilent aux yeux de tout le monde (1); qui détournent impudemment à leur profit des sommes destinées aux malheureux ; ceux, enfin, qui n'ont pas le cœur disposé à pardonner à leurs ennemis , et à leur tendre une main fraternelle.

Je soutiendrai même que ceux qui se disent bons républicains, et qui sont diamétralement opposés par leurs actes aux vertus dont je viens de parler, sont plutôt des intrigans ambitieux, à qui tous les moyens, même les plus violens , seraient bons pour arriver au but de leurs désirs, que les défenseurs de la cause ré-publicaine ; et , pour le prouver, nous n'avons qu'à nous reporter aux temps de la république de 1793. Nous verrons de soi-disant bons républicains, qui ne se contentaient pas seulement de calomnier des hommes justes et vertueux, mais qui de plus les envoyaient à l'é-chafaud. L'exemple le plus frappant que nous puissions citer, c'est Lafayette , ce grand apôtre de la liberté des deux mondes, qui, pour sauver sa tête, fut obligé d'abandonner son armée pour passer à l'étranger , où il a souffert les peines du martyre. Ce grand citoyen , cet homme de l'univers , qui est maintenant tout res-plendissant de gloire entre les bras de la postérité, n'a-t-il pas été traité de *grand coupable* par les hommes violens du parti républicain d'aujourd'hui? Que lui serait-il donc arrivé, si ces mêmes hommes avaient eu

(1) J'ai vu insulter, avec les expressions les plus dures, de pauvres malheureux condamnés correctionnellement, pour avoir commis de légères fautes pendant le cours des événemens d'avril. Est-ce avec de pareils procédés que l'on voudrait régénérer les hommes et les ramener à la vertu ?

e pouvoir en main? On ne saurait en douter, c'est par les excès sanguinaires des prétendus républicains de 1793 que la république, qui devrait être entourée de tous les élémens de bonheur et de gloire pour le peuple, est devenue l'horreur de tout ce qui porte un cœur humain. D'où vient ? Il faut le dire, c'est que leur but bien avéré a toujours été de la sacrifier à leur ambition démesurée. Aussi NAPOLÉON les a-t-il maîtrisés sans peine en se servant encore d'eux comme de marchepied à son élévation. Nous les avons donc vus, après avoir juré fidélité à la cause populaire, jurer fidélité au despotisme impérial, puis à la restauration , quand elle a daigné les accepter, puis encore à la monarchie de 1830, en attendant qu'une nouvelle faction victorieuse vienne leur acheter un nouveau serment.

Avons-nous des garanties suffisantes pour penser que nos républicains d'aujourd'hui ne marcheraient pas sur les mêmes traces que leurs devanciers? Examinons avec la plus sévère impartialité. J'ouvre le second volume du rapport de M. GIROD de l'Ain, et je remarque qu'il y en a qui sont républicains, parce que le gouvernement d'aujourd'hui ne leur a pas accordé les places très-lucratives qu'ils demandaient; j'ouvre le premier volume, et je remarque les mêmes symptômes des excès sanguinaires commis en 93; les preuves sont sous mes yeux, je les cite, et je ne pense pas que l'on ose récuser les personnages qui me les fournissent. Écoutons M. LORTET de Lyon, cet homme digne du temps des Spartiates : « Un fait » prouve quels hommes poussent ceux de la *Tribune*.

» CAVAIGNAC, que vous connaissez, a été, il y a deux
» ou trois mois, condamné à mort par les sections de
» la société des droits de l'homme, comme modéré et
» temporiseur. Le jugement devant être exécuté, il
» est resté un mois à la campagne, jusqu'à ce que ces
» fous fussent revenus sur leur première décision. »

Écoutons M. Jules FAVRE, avocat distingué de Lyon,
parlant de M. PETETIN, ancien rédacteur du *Pré-
curseur* : « Je l'ai trouvé persuadé qu'à Paris existait
» un noyau d'hommes dévoués et redoutables, décidés
» à imposer, en cas de bouleversement, leur opinion
» à la France, par tous les moyens les plus horribles.
» Il m'a conté, d'après plusieurs témoignages, que
» M. CAVAIGNAC avait été condamné à mort par un
» de ces clubs, et forcé de se retirer à la campagne
» pour se soustraire à l'exécution de cet arrêt. »

Écoutons M. Armand CARREL, ce flambeau du
parti républicain : « Croiriez-vous que cet article
» sur le général LAFAYETTE, que vous reprochez au-
» jourd'hui à la *Tribune*, a valu à MARRAST un duel
» avec un de ces imbéciles furieux, qui a trouvé que
» ce n'était point assez de traiter LAFAYETTE de *grand
» coupable*. » Et plus bas : « Nous sommes, comme tous
» les partis, poussés par notre fatalité. Nous avons une
» monarchie à renverser; nous la renverserons, et puis
» il faudra lutter contre d'autres ennemis. J'ai pensé
» long-temps qu'en se séparant nettement des furieux,
» on amènerait à soi les honnêtes gens du juste-milieu...»

Enfin, écoutons encore M. de SEYNE, un des plus
notables négocians de Lyon : « Aujourd'hui Lyon est

» flasque, découragé ; les hommes principaux de l'op-
» position se retirent, s'éloignent de la scène politique,
» démoralisés qu'ils sont par tout ce qui se passe. —
» Le présent les attriste, et l'avenir ne leur inspire
» ni confiance, ni certitude ; car le présent, représenté
» par les hommes actuellement au pouvoir, est trop
» boueux, et l'avenir, envahi par les prétentions de
» quelques jeunes fous, sans talens, sans moralité,
» sans considération ni auprès des masses, ni auprès
» de la bourgeoisie, s'use en vains efforts, discréditant
» les opinions les plus vraies et les plus saines. »

Que de réflexions nous suggèrent ces citations ! Pauvre France ! que deviendrais-tu si tu étais gouvernée d'après une forme républicaine, où le pouvoir serait indubitablement entre les mains de ces hommes furieux, qui livreraient à l'échafaud quiconque ne serait pas soumis à leur atroce tyrannie ? Nous avons bien des reproches à faire au gouvernement actuel, mais il est encore mille fois préférable, et je ne doute pas que les honnêtes gens de tous les partis ne partagent mon opinion, même les républicains qui ne voudraient pas arriver par des moyens violens à la république.

Ainsi donc, éclairé par l'expérience, et étant même un objet de haine de pour quelques républicains furieux, comment pourrais-je croire, sans faire abnégation de ma raison, que la république sera un jour possible en France ? M'objectera-t-on qu'avec de bonnes lois et de bonnes institutions elle sera possible ? Mais qui nous les donnera ? Des hommes comme ceux que je viens de citer, qui abuseront de notre confiance, et s'en ser-

viront à leur profit. Les lois et les institutions républi-
caines de 93 laissaient-elles quelque chose à désirer au
peuple ? Non ; eh bien que sont-elles devenues ? Ce que
deviendraient celles que l'on nous donnerait aujour-
d'hui, — la proie des intrigans et des ambitieux. Mais,
m'objectera-t-on encore, le peuple, plus éclairé, saura
les faire respecter. Ne nous abusons pas ; le peuple, plus
éclairé, ne veut pas de la république ; il a le bon
sens de comprendre qu'il ne serait, comme en 93, que
l'instrument d'une tourbe de furieux ambitieux. Que
mes antagonistes ne viennent pas dire que j'en impose,
quand les preuves les plus notoires justifient trop bien
mon assertion. Si le peuple voulait une république, il
saisirait la moindre occasion pour se prononcer, et les
événemens d'avril lui en offraient une bien belle ; le
premier coup de canon, au lieu de réunir sous le
drapeau de la république cinq à six cents combattans,
en eût réuni soixante mille, et incontinent ce
coup de canon aurait eu de l'écho d'un bout de la
France à l'autre, et le règne de la république serait
aujourd'hui en pleine vigueur. Si le peuple voulait de
la république, il montrerait pour nous, détenus politiques, dont la grande partie s'avouent républicains, bien
plus de sympathie, et nous n'aurions pas la douleur, en
gémissant dans les prisons, de voir nos familles livrées
à la dernière misère.

Un bon citoyen, un citoyen vraiment consciencieux
et de bonne foi, s'il est patriote, ne doit vouloir que
ce que le peuple veut. Je peux me tromper : selon les
apparences, le peuple français, éclairé par l'expérience

qui lui remet sous les yeux toutes les tribulations qu'il éprouve depuis plus de quarante ans, veut aujourd'hui ce qui est indispensable à son bonheur : la justice qui consiste dans l'inviolabilité de ses droits. S'il voulait passer outre, il deviendrait injuste, et son injustice le pousserait à sa perte, parce qu'il renverserait lui-même l'édifice social établi sur les bases de la justice et de la raison ; et par là il donnerait accès à l'anarchie, son ennemie, et la reine prostituée des intrigans ambitieux. Mais disons aussi : Si les hommes qui le gouvernent méconnaissaient ou foulaient sous leurs pieds ses droits, ils renverseraient eux-mêmes l'édifice social, et ce peuple, poussé par une juste colère, passerait malheureusement de son état de nature à celui de la brutalité. Aussi, il faut le proclamer tout haut dans l'intérêt de l'humanité, les destinées des hommes du pouvoir sont étroitement liées, par la Charte constitutionnelle, au même anneau que celles du peuple ; et malheur pour les uns comme pour les autres si cet anneau venait à se briser ! tel qu'une digue qui se rompt, le débordement des passions politiques causerait les mêmes ravages que la rapidité des eaux dans les lieux qu'elles inondent.

Si les hommes du pouvoir avaient bien compris ces vérités, la France ne serait pas dans un état continuel d'agitation, et le peuple jouirait d'une plus forte somme de bonheur. Dans ce triste état de choses, on peut résumer les causes qui produisent le mal, par ces questions : la Charte constitutionnelle de 1830, ce pacte sacré qui lie étroitement les droits du peuple avec les

obligations des hommes du pouvoir, a-t-elle été violée?
Oui, elle a été violée par les hommes du pouvoir. Y
avait-il nécessité de la violer dans l'intérêt de la tranquil-
lité publique? Non, puisque l'expérience nous prouve
que les symptômes du mal se développent dans une pro-
gression plus forte que jamais, et par la raison bien sim-
ple que cette violation fournit un juste prétexte d'user de
tous les moyens possibles pour attaquer le pouvoir. Il n'y
avait pas nécessité, parce que les lois sont plus que suffisantes pour réprimer les écarts de la presse, et pour
sévir rigoureusement contre les provocateurs des trou-
bles et des émeutes.—Est-ce une raison pour exciter le
peuple à se révolter contre le gouvernement? Oui, et
la preuve est écrite dans l'article 66 de la Charte constitutionnelle, qui confie au courage et au patriotisme
de tous les Français la défense et le maintien des droits
qu'elle consacre. Oui, parce que le roi lui-même a légi-
timé la révolte, en déclarant à la députation de Saint-
Omer, le 5 septembre 1830 : « que la sécurité des gouver-
» nemens dépend de l'exacte et consciencieuse obser-
» vance des lois. Toute autorité qui n'est pas fondée
» sur le règne des lois devient despotique, vexatoire,
» et doit s'écrouler. » Dans une autre circonstance,
il déclare encore : « qu'un gouvernement qui viole la
» légalité creuse lui-même son tombeau. » De même,
son premier ministre, feu M. Casimir Perrier, en
déclarant aussi du haut de la tribune nationale : « que
» la révolte était un devoir contre un pouvoir qui vio-
» lerait nos institutions. » Ainsi, d'après des déclara-
tions aussi formelles, aussi positives, parties de si

haut, il n'est plus permis de douter que le citoyen qui excite le peuple à se révolter contre l'autorité qui viole ses droits ne remplisse courageusement un devoir sacré; et, si ce peuple était assez indifférent pour l'abandonner à la colère d'un pouvoir oppresseur, il mériterait de porter les chaînes de l'esclavage. Mais que faudrait-il faire pour réparer tous les maux qui accablent la France? Il faudrait que le roi, éclairé par l'expérience, accordât, comme un acte de haute justice, une amnistie générale pour tous les détenus politiques; qu'il fît un sincère retour vers nos institutions constitutionnelles, et qu'il n'accordât aussi désormais sa confiance qu'à des hommes sincèrement dévoués à notre Charte. Et nul doute qu'avec des mesures aussi sages il ne réconciliât tous les partis fatigués de nos dissensions politiques; alors la France le bénirait.

Comme la conviction est une puissance que rien ne peut ébranler, je déclare que, si j'avais pris part aux événemens d'avril comme républicain, je dirais à la Cour des pairs : « Oui, j'ai pris une part active aux » événemens d'avril, parce que j'avais, comme je l'ai » encore, l'intime conviction que la république convient mieux au peuple qu'une monarchie. » J'en donnerais les raisons, parce que l'homme de conviction a pour lui un principe raisonné; et, si je désavouais les faits qui me seraient imputés, ou que je n'eusse réellement pris aucune part aux événemens, quand ils paraissaient pour moi un moyen de faire triompher mes principes, je me croirais indigne du titre de républicain; je croirais même les hommes rai-

sonnables fondés à penser que j'en porte seulement le mas-
que, pour mieux cacher des vues ambitieuses, et que,
découvert, je ne serais qu'un lâche hypocrite, qui
attend seulement le moment opportun pour se montrer
vaillant, afin d'obtenir les meilleures places.

Maintenant, ayant pour moi la conscience d'un
homme de conviction, j'attends sans crainte que la
Cour des pairs prononce sur mon sort.

MOLLARD-LEFÈVRE,
*Détenu politique depuis le 13 avril 1834.*